たっぷり
野菜がとれて

JN013738

カロリー
＆塩分控えめ

飲みながらでも
簡単に作れる

たくさん食べても
罪悪感なし！

罪悪感
ゼロつまみ

重信 初江

罪悪感ゼロつまみって?

　おいしいものを食べながら、おいしいお酒を飲むのが大好き。お店に行くのも、うちで飲むのも好き。でも最近、若い頃と同じように飲み食いしていると、胃もたれしたり、むくんだり、体が重く感じることが増えてきました。これはまずい……。とはいえ、やっぱりなにか食べるときはおいしいお酒がほしいし、お酒を飲むときは、なにかしらつまむものがほしいんです!

　というわけで、せめて家で飲むときは、体にやさしいおつまみを。そんなことを考えながら作ったのがこの本です。メニューは私と同じく食いしん坊の酒飲み仲間にも相談しながら考えました。

「え、これっぽっちしか食べられないの……?」

「低塩分なのはわかるけど、これじゃお酒が進まないよ」

「糖質オフダイエット中だから、こういうのは食べたくない」

「こんなに手間も時間もかけられないよ〜」

　と、わがままで容赦のない仲間たちに翻弄されながらしぼり出したレシピは、体への負担も、作る手間も、うしろめたさもなし。楽しく飲むために、きっと役立つおつまみ集になったと思います。

　毎日、そしてこの先、年をとってもずっとおいしく楽しく飲み食いしたい。そんなふうに思っている人みんなに、この本を活用してもらえたらうれしいです。

重信初江

CONTENTS

罪悪感ゼロつまみって?　5

PART 1 たくさん食べても 罪悪感ゼロ
野菜たっぷりつまみ

PART 2 ダイエット中でも 罪悪感ゼロ
糖質オフつまみ

キャベツのしらすポン酢あえ … 10
キャベツのコチュジャン酢あえ … 11
おつまみラディッシュ
　2種のディップ … 12
蒸しなすとツナのザーサイあえ … 13
ブロッコリーのなめたけマヨあえ … 14
レタスとチーズののりサラダ … 15
豆苗の塩昆布あえ … 16
大根とかにかまのゆずこしょう風味 … 17
たたききゅうりとセロリの
　ゆかり酢あえ … 18
おかひじきとちくわのおかかあえ … 19
ピーマンとみょうがのごま油あえ … 20
オニオンスライスの納豆ポン酢 … 21
マッシュルームと紫玉ねぎのサラダ … 22
レンチンもやしの浅漬け風 … 24
焼きししとうの梅みそあえ … 25
白菜とツナの蒸し煮 … 26
カリフラワーの
　カレーヨーグルト焼き … 27

鶏むね肉のタンドリー風 … 30
ささみとセロリのキムチ蒸し焼き … 32
あっさりつくねと焼きしいたけ … 33
オクラの肉巻き カレーみそ … 34
薬味たっぷり豚しゃぶ … 35
豚こまのしょうが焼き … 36
鮭のガーリック照り焼き … 37
豆腐とあさり、わかめの酒蒸し … 38
さば缶とズッキーニのサラダ … 39
サーモンとアボカドのタルタル … 40
ほたてとオレンジのカルパッチョ … 41
ピリ辛漬け卵 … 42

PART 3 むくまないから
罪悪感ゼロ
減塩つまみ

たこときゅうりの
　ミントヨーグルトあえ … 44
青じそナッツポテサラ … 45
鶏むね肉のパセリバター炒め … 46
豚ヒレ肉のバルサミコソテー … 47
れんこんの焦がしじょうゆ焼き … 48
セロリと桜えびのシャキシャキ炒め … 48
レモン風味の蒸しがき … 50
大根とにんじんの山椒ピクルス … 51
豚串のスパイス焼き … 52
かぼちゃのソテー シナモン風味 … 53
切り干し大根の
　はちみつレモン漬け … 53
たらの治部煮風 … 54

PART 4 ちょっとで満足だから
罪悪感ゼロ
豆皿つまみ

うずら卵のウフマヨ … 56
デーツのくるみチーズ詰め … 56
チーズと桜えびのカリカリ … 57
いぶりがっこのすだちチーズサンド … 58
高菜カマンベールボール … 59
みょうがのごまみそ焼き … 59
甘えびのコチュジャン漬け … 60
まぐろのねぎ塩昆布あえ … 61
プルーンの生ハム巻き … 62
ベビーほたてとキウイの
　粒マスタード白みそあえ … 62
餃子の皮のミニピザ … 63
ミニトマトのキムチマヨ詰め … 64
そら豆のひと粒ジョン … 64
にらじゃこやっこ … 66
かぶとかまぼこののりあえ … 66
かきの山椒焼き … 68
いかくんの松前漬け … 69
酒粕のコチュジャン焼き … 70

PART 5

ゆっくり楽しめて
罪悪感ゼロ
早食い防止つまみ

まるごとピーマンのだしびたし … 72

きゅうりの1本漬け … 73

たたきごぼうのごま酢あえ … 74

大根の梅おかかあえ … 74

こんにゃくとセロリの甘辛炒め … 75

たこ串のしょうがじょうゆ … 76

殻つきえびのガーリックソテー … 77

鶏軟骨としめじのゆずみそ炒め … 78

砂肝とまいたけのコチュジャン炒め … 79

エリンギの豚肉巻き … 80

あさりとオリーブの白ワイン蒸し … 81

さきいかとナッツの
　　コチュジャンあえ … 82

激辛枝豆 … 83

大豆と根菜の酢じょうゆ漬け … 84

PART 6

遅い時間でも
罪悪感ゼロ
夜食つまみ

切り干し大根のラーメン風 … 86

しらたきとせりのペペロンチーニ … 87

豆腐干のあえ麺 … 88

ところてんの冷やし中華 … 89

ほうれん草とピーラーにんじんの
　　常夜鍋 … 90

たらと大根のレモンナンプラー鍋 … 92

トウジャン … 94

スワンラータン … 95

COLUMN

「罪悪感ゼロ」のためのヒント … 28

この本の決まり

・小さじ1は5㎖、大さじ1は15㎖、1カップは200㎖です。

・フライパンは原則としてフッ素樹脂加工のものを使用しました。

・電子レンジは600Wのものを使用しました。加熱時間は目安です。
　機種や使用年数により多少の違いがありますので、様子を見て加減してください。

・「だし汁」は、かつおと昆布でとったものを使用しました。

・野菜は、特に記載のない限り、洗ったり皮をむいたり、種や筋を除いてからの手順を記載しています。

たくさん食べても
罪悪感ゼロ
野菜たっぷりつまみ

おつまみだってたっぷり食べたい!
それならやっぱり、主役は野菜です。

もともと低カロリーの野菜や、
かみごたえがあって満腹感を得やすい野菜、
加熱してもかさが減らない
見た目にもボリューム感のある野菜を集めて、
飲みながらでも作れる
簡単おつまみに仕立てました。

キャベツのしらすポン酢あえ

キャベツは"湯がけ"で
ほどよくしんなりして、
食べやすさがアップ。
わさびが味の引き締め役に。

材料／2人分

キャベツ　1/4 個（300g）
しらす干し　20g
A｜ポン酢しょうゆ　大さじ1
　｜練りわさび　小さじ 1/2

1　キャベツはせん切りにしてざるに入れ、
　　熱湯をまわしかけて
　　しっかりと水けをきる。
2　ボウルに入れ、合わせた A と
　　しらすを加え、さっくりとあえる。

キャベツのコチュジャン酢あえ

03

1人分
33 kcal
塩分 0.7g

包丁いらずで、
飲みながらでも作れる簡単つまみ。
青じその香りと韓国風のピリ辛味で
お酒が進むんです。

材料／2人分

キャベツ　5枚(200g)
青じそ　4〜5枚
A | コチュジャン、酢、
　　　しょうゆ　各小さじ1

1　キャベツはひと口大にちぎる。
2　ボウルに **A** を合わせ、**1** を加えてあえる。
　器に盛り、青じそをちぎってのせる。

おつまみラディッシュ 2種のディップ

ひと口サイズのラディッシュは
そのままおつまみに。
日本酒に合いそうな、
和風のディップを添えて。

材料／2人分
ラディッシュ　10個
クリームチーズ　1個(16g)
わさび漬け、金山寺みそ
　　各大さじ1

1　クリームチーズは
　　常温にもどしてやわらかく練り、
　　わさび漬けを加えて軽く混ぜる。
2　ラディッシュはひげ根を切り落として
　　器に盛り、**1** と金山寺みそを添える。

蒸しなすとツナのザーサイあえ

蒸しなすもレンジ加熱なら、
ラクチン。味つきザーサイを
調味料代わりに使いました。

材料／2人分
なす　3本(240g)
ザーサイ(味つき)　30g
ツナ缶(ノンオイル)
　　小1缶(70g)

1　なすはヘタを切り落とし、切り口に放射状の
　　切り目を3本入れて1本ずつラップで包み、
　　電子レンジで3分〜3分30秒、
　　やわらかくなるまで加熱する。冷水にとって
　　冷まし、切り目からさいて軽く水けをしぼる。

2　ザーサイは粗く刻み、ツナは軽く缶汁を
　　きる。ボウルに合わせ、1 を加えてあえる。

ブロッコリーのなめたけマヨあえ

少しのマヨネーズでコクがアップ。
歯ごたえのいい茎も
いっしょにゆでて食べちゃいます。

材料／2人分

ブロッコリー　小1個(200g)

A なめたけ(びん詰)　40g
　　マヨネーズ　小さじ1

1　ブロッコリーは小房に分け、
　　大きければさらに縦2〜3等分に切る。
　　茎は皮を厚めにむき、短冊切りにする。
2　鍋に湯を沸かし、塩少々(分量外)を加え、
　　1を1分ほどゆでてざるにあげ、粗熱をとる。
3　ボウルに**A**を合わせ、**2**を加えてあえる。

07 レタスとチーズののりサラダ

1人分
74 kcal
塩分 0.6g

レタスは先に冷水につけておくとパリッとします。
チーズのコクとのりの香りで、
少しの味つけでも満足感あり。

材料／2人分

レタス　1/2 個(200g)

チーズ(さけるタイプ)　1本(25g)

焼きのり　全形 1 枚

A ごま油　小さじ 1
しょうゆ　小さじ 1/2

1　レタスはひと口大にちぎる。
　チーズは手で食べやすくさく。

2　ボウルに **1** と **A** を合わせ、
　のりをちぎり入れてさっと混ぜる。

15

08

1人分
35 kcal
塩分 0.5g

豆苗の塩昆布あえ

材料／2人分
豆苗　1パック(100g)
塩昆布　5g
ごま油　小さじ 1/2

塩昆布と
ごま油の味つけは、
野菜をおいしくする
絶妙コンビ。
手軽な豆苗と合わせて。

1　豆苗は根元を切り落とし、
　　長さを半分に切ってざるに入れ、
　　熱湯をまわしかけてしっかりと水けをきる。
2　ボウルに入れ、塩昆布、ごま油を加えてあえる。

09

1人分
46 kcal
塩分 1.5g

大根とかにかまのゆずこしょう風味

ゆずの香りと軽い辛みで、
ぐっと酒に合うひと皿に。
少しの酢を加えることで、
後味がさっぱりします。

材料／2人分

大根　約 1/4 本（300g）
かに風味かまぼこ　50g
塩　小さじ 1/3
A 酢　小さじ 1
　　 ゆずこしょう　小さじ 1/2

1　大根はピーラーでリボン状に削る。
　　塩をふって 10 分ほどおき、軽く水けをしぼる。
　　かにかまは粗くほぐす。
2　ボウルに **1** を入れ、**A** を加えてあえる。

たたききゅうりとセロリのゆかり酢あえ

10

1人分
16 kcal
塩分 1.0g

赤じその香りが口の中でふわり。
15分ほどおくと、味がしみて
よりおいしくなりますよ。

材料／2人分

きゅうり　1本
セロリ（葉つき）　1本（120g）
A 酢　大さじ1
　　 ゆかり（赤じそふりかけ）
　　　 小さじ1

1　きゅうりはめん棒などでひびが
　　入るくらいまでたたき、棒状に切る。
　　セロリは同じくらいの大きさに切り、
　　葉はざく切りにする。

2　ボウルに **1** を入れ、**A** を加えてあえ、
　　15分ほどおく。

18

11

おかひじきとちくわのおかかあえ

1人分
42 kcal
塩分 1.0g

β-カロテンや
ミネラル豊富なおかひじきで
体が喜ぶおつまみに。
ちくわでうまみをプラス。

材料／2人分
おかひじき　1パック(80g)
ちくわ　2本
削り節　小1袋(2g)
しょうゆ　小さじ1

1　おかひじきはかたい根元を除く。
　　ちくわは小口切りにする。
2　鍋に湯を沸かし、塩少々(分量外)を加える。
　　おかひじきを加えてさっとゆで、冷水にとって
　　冷まし、水けをしぼってざく切りにする。
3　ボウルに2を入れ、ちくわ、削り節、
　　しょうゆを加えて混ぜる。

ピーマンとみょうがのごま油あえ

12

1人分
45 kcal
塩分 0.4g

強い香りと味の相乗効果で、
くせになる組み合わせ。
1日おいて、ちょっとしんなりしてから
食べるのもおすすめ。

材料／2人分

ピーマン　5個（150g）
みょうが　2個

A │ 酢、しょうゆ、ごま油　各小さじ1
　　│ 七味唐辛子　少々

白いりごま　少々

1　ピーマン、みょうがはそれぞれ
　　縦にせん切りにする。
2　ボウルに入れ、**A** を加えてあえる。
　　器に盛り、白ごまをふる。

<table>
<tr><td>13</td></tr>
<tr><td>1人分
98 kcal
塩分 0.7g</td></tr>
</table>

オニオンスライスの納豆ポン酢

納豆はポン酢しょうゆでさっぱりと。
ひき割り納豆を使うと
玉ねぎによくなじみますよ。

材料／2人分

玉ねぎ（あれば新玉ねぎ）
　小1個（150g）

A ｜ ひき割り納豆　大1パック（70〜80g）
　　｜ ポン酢しょうゆ　大さじ1

刻みのり　適量

1　玉ねぎは縦に薄切りにし、水に15分ほど
　　さらしてから（新玉ねぎならさらさなくてOK）
　　しっかりと水けをきり、器に盛る。
2　**A**を混ぜ合わせて**1**にかけ、のりをのせる。

14

1人分
43 kcal
塩分 0.2g

マッシュルームと紫玉ねぎのサラダ

ぽくぽくとした
生のマッシュルームの
食感が好き。
紫玉ねぎを使うと彩りよく、
水にさらさなくて
よいのもうれしい。

材料／2人分
マッシュルーム　7〜8個(100g)
紫玉ねぎ　1/4個(50g)
A｜酢　大さじ1/2
　｜粒マスタード、オリーブ油　各小さじ1
　｜塩　ひとつまみ
　｜こしょう　少々
イタリアンパセリ(粗みじん切り)　少々

1　マッシュルームは縦2〜3等分に切る。
　　紫玉ねぎは薄切りにする。
2　ボウルにAを合わせ、1を加えてあえる。
　　器に盛り、パセリをふる。

レンチンもやしの浅漬け風

15

1人分
17 kcal
塩分 0.3g

もやしはレンチンでほどよくしんなり。
昆布茶は、うまみと塩けの調味料として
重宝します。

材料／2人分
もやし　1袋（200g）
青じそ　2枚
A ┃ 酢　小さじ1
┃ 昆布茶（粉末）　小さじ1/2

1　青じそは5mm幅に切る。
2　耐熱ボウルにもやし、**1**を入れ、
　　Aを加えて混ぜる。ふんわりと
　　ラップをかけ、電子レンジで
　　2分ほど加熱して冷ます。

焼きししとうの梅みそあえ

<table>
<tr><td>16</td></tr>
<tr><td>1人分
21 kcal
塩分 1.1g</td></tr>
</table>

脇役になりがちなししとうも、
つまみなら堂々主役に。
梅干しの酸味がいい感じ。

材料／2人分
ししとう　大1パック（120g）
梅干し（塩分15〜17%）　1個
みそ　小さじ1

1　梅干しは種を除いて包丁でたたき、
　　みそを加えて混ぜる。
2　ししとうは魚焼きグリルか焼き網に並べ、
　　焼き色がつくまで片面1〜2分ずつ
　　強火で焼く（竹串に数本ずつ
　　刺して焼くと返すのがラク）。
3　ボウルに入れ、1を加えてあえる。

17

1人分
55 kcal
塩分 0.6g

白菜とツナの蒸し煮

ツナのうまみを吸ったくたくたの白菜が絶品。
七味唐辛子は黒こしょうや粉山椒にかえても。

材料／2人分
白菜　5枚(400g)
ツナ缶(ノンオイル)　小1缶(70g)
スープの素(顆粒)　小さじ1
A ｜ 酒、水　各大さじ1
七味唐辛子　少々

1 白菜は大きめのそぎ切りにして鍋に入れ、
　スープの素をふる。ツナを缶汁ごとと、
　A を加えてふたをし、
　弱火で2分ほど蒸し煮にする。

2 水けが出てきたら中火にし、
　ときどき混ぜながら4〜5分煮る。
　器に盛り、七味唐辛子をふる。

カリフラワーのカレーヨーグルト焼き

かみごたえがあって、おなか満足。
パプリカパウダーの香りで
エキゾチックな味わいになります。

材料／2人分

カリフラワー　小 1 個（200g）

A ｜ プレーンヨーグルト（無糖）
　　　大さじ 3
　　しょうゆ　小さじ 1
　　カレー粉　小さじ 1/2
　　塩　小さじ 1/4

パプリカパウダー　少々

1　カリフラワーは小房に分け、
　　大きければさらに縦 2 ～ 3 等分に切る。
　　ボウルに **A** を合わせ、カリフラワーを
　　加えて混ぜ、15 分ほどおく。

2　オーブントースターの天板に
　　アルミホイルを敷いて **1** を並べ、
　　軽く焼き色がつくまで 8 ～ 10 分焼く。
　　器に盛り、パプリカパウダーをふる。

「罪悪感ゼロ」のためのヒント

カロリーオフも、減塩も、ちょっとした工夫で可能になります。
おいしく「罪悪感ゼロ」に近づくヒントを集めました。

カロリーオフのコツ

肉は部位の選び方に注意

肉は部位でカロリーが大きく変わります。豚肉なら、低脂肪のヒレやももが◎。鶏肉なら、むね肉やささみをチョイス。皮を除いて使うのも有効です。

表面加工されたフライパンを使う

炒めものや焼きものは、フッ素樹脂加工のフライパンを使って。素材が焦げつきにくいから、油の使用量が減らせるんです。

意外な隠れカロリーにご用心

調味料の使い方によっては、カロリーオフの工夫も水の泡。特にみりんや練りごまは意外に高カロリー！　食卓でつけたり、かけたりする量も油断禁物。

おいしい減塩のコツ

酸味やうまみを上手に利用して

レモンなどの柑橘や酢の酸味、だしやきのこ、昆布などのうまみを効かせることで、少ない塩分でも、ぐっとおいしく感じられるようになります。

香ばしさや食感、香りを利用する

塩分控えめでも、スパイスやハーブの香り、ナッツなどのカリッとした食感、こんがり焼いた香ばしさなどをプラスすると、満足感がぐんとアップ。

味を感じさせる調理の工夫を

塩は仕上げの段階で表面にふると、舌に直に味が伝わり、味が濃く感じられます。また「とろみ」をつけると味が長くとどまり、塩けを感じやすくなります。

PART

2

—

ダイエット中でも
罪悪感ゼロ
糖質オフつまみ

気になるのはカロリーよりも糖質量、
という方のために、
できるだけ糖質をカットした
おつまみを考えました。

脂質も少ない肉や魚が中心で、
しっかりたんぱく質がとれるからアルコール代謝もスムーズ、
二日酔いの心配も少なくなる……？
でも飲みすぎには気をつけて!

ヨーグルトのおかげで、
鶏むね肉がやわらかに。
やさしい味わいのタンドリーチキンです。

19

1人分
123 kcal
塩分 0.8g

鶏むね肉のタンドリー風

糖質 4.7g

材料／2人分
鶏むね肉（皮なし）　小1枚(200g)
A｜プレーンヨーグルト（無糖）　大さじ3
　｜カレー粉　小さじ1/2
　｜塩　小さじ1/4
ベビーリーフ　適量

1　鶏肉はそぎ切りにしてボウルに入れ、
　　合わせたAをからめて15分ほどおく（a）。
2　フライパンに1を漬け汁ごと並べて
　　中火にかけ、2分焼く。
　　上下を返して1〜2分焼く
　　（途中、焦げてきたら少し火を弱める）。
　　器に盛り、ベビーリーフを添える。

a

調味料をからめて15分ほどおく
ことで、味がしっかりしみる。

ささみとセロリのキムチ蒸し焼き

糖質 2.2g

セロリの香味がキムチと好相性。
蒸し焼きにするから、
ささみもしっとり仕上がります。

材料／2人分
鶏ささみ　2本(100g)
セロリ(葉つき)　30g
白菜キムチ　30g
ごま油　小さじ 1/2
酒　大さじ 1

1　セロリは小口切りに、葉はざく切りにする。
　　キムチは大きければ食べやすく切る。
　　ささみは 3 等分のそぎ切りにし、
　　めん棒などでたたいて厚みを均一にする。
2　フライパンにごま油を薄く広げて
　　ささみを並べ、キムチ、セロリをのせる。
　　弱めの中火にかけて酒をふり、
　　ふたをして 3 分ほど蒸し焼きにする。

1人分
91 kcal
塩分 0.5g

糖質 3.6g

あっさりつくねと焼きしいたけ

シンプルな味つけのつくねは
粉山椒でアクセントを。
焼きしいたけのうまみもたまらない!

材料／2人分

鶏むねひき肉　150g

しいたけ　4個

A｜おろししょうが　小さじ1
　｜酒　大さじ1
　｜しょうゆ　小さじ1/2
　｜塩、こしょう　各少々

塩、粉山椒　各少々

1　ボウルにひき肉と A を入れて練り混ぜ、
　　4等分して平たい円形にする。しいたけは
　　石づきを除き、軸を切り落とす。

2　アルミホイルにサラダ油(分量外)を
　　薄く塗って魚焼きグリルの網に敷き、
　　1 を並べる。中火で3分焼き、
　　上下を返して1〜2分焼く。
　　器に盛り、塩、粉山椒をふる。

22

1人分
170 kcal
塩分 0.5g

オクラの肉巻き カレーみそ

糖質 5.2g

しゃぶしゃぶ用の肉が巻きやすくておすすめ。
カレー粉とみそのたれをからめれば、
食べごたえは抜群です。

材料／2人分

豚ももしゃぶしゃぶ用肉　8枚
オクラ　8本
サラダ油　小さじ1
A│酒、みそ　各小さじ1
　│カレー粉　小さじ1/3

1　オクラはがくのまわりをぐるりとむき、豚肉を1枚ずつ巻く。Aは混ぜ合わせる。
2　フライパンにサラダ油を熱して**1**の豚肉の巻き終わりを下にして並べ、
　弱めの中火にかける。1分焼き、向きを変えながらさらに2分ほど焼く。
　水大さじ1をふり、水けが少なくなるまで1分ほど転がしながら焼く。
3　**A**を加え、からめながら30秒ほど焼く。

23

薬味たっぷり豚しゃぶ

1人分
84 kcal
塩分 0.6g

糖質 3.5g

豚肉はごく弱火でゆでるのが、
しっとり仕上げるコツ。
香りのよい薬味野菜を
どっさりのせると、お酒が進む味に!

材料／2人分
豚ももしゃぶしゃぶ用肉　120g
青じそ　5枚
みょうが　2個
細ねぎ　2本
A ｜ ポン酢しょうゆ　大さじ 1/2
　 ｜ 豆板醤　小さじ 1/3

1 青じそは細切りにし、
　 みょうが、細ねぎは小口切りにする。

2 鍋に湯を沸かしてごく弱火にし、
　 豚肉を 1 枚ずつ入れる。色が変わったら
　 すぐとり出して粗熱をとり、
　 大きければちぎる。器に盛って
　 混ぜ合わせた A をかけ、1 をのせる。

豚こまのしょうが焼き

甘みには、吸収されにくいオリゴ糖を使います。
かみごたえのある水菜を合わせて、満足度アップ。

糖質 4.8g

材料／2人分
豚こま切れ肉　120g
水菜　1株(20g)
青じそ　1枚
A｜おろししょうが　小さじ1
　｜しょうゆ　大さじ1/2
　｜酒、オリゴ糖(右記参照)
　｜　各小さじ1

1　ボウルに豚肉を入れ、**A** を加えてもみ込む。
　　水菜は3㎝長さに切り、器に盛る。
　　青じそは細切りにする。

2　フライパンに **1** の豚肉を漬け汁ごと入れて
　　中火にかけ、上下を返しながら
　　2〜3分焼く。器に盛り、青じそを散らす。

罪悪感ゼロ食材【オリゴ糖】

液体甘味料。消化されにくくエネルギー
となりにくいため、砂糖の代わりに使って
カロリーをカットできる。おなかの調子を
整える働きも。

鮭のガーリック照り焼き

糖質 5.5g

にんにくが効いて、お酒に合う！
ひと口大に切って焼けば、
調味料がしっかりからみます。

材料／2人分
生鮭　2切れ(200g)
A ｜ おろしにんにく　小さじ 1/3
　　｜ オリゴ糖(→ p.36 参照)、
　　｜ しょうゆ、酒　各小さじ 1
サラダ油　小さじ 1/2

1　鮭はひと口大に切る。**A** は混ぜ合わせる。
2　フライパンにサラダ油をひき、鮭を並べて
　　弱めの中火にかける。2 分焼き、
　　上下を返してさらに 2 分ほど焼く。
3　**A** を加え、ほとんど汁けが
　　なくなるまでからめながら焼く。

26

1人分
127 kcal
塩分 1.4g

糖質 3.0g

豆腐とあさり、わかめの酒蒸し

しょうがのトッピングと、
あさりのうまみが
溶け出た蒸し汁を、
豆腐にからめながら
食べてね。

材料／2人分

絹ごし豆腐　1丁（300g）

あさり（殻つき・砂抜きずみのもの）　100g

カットわかめ（乾燥）　大さじ 1/2（2.5g）

A ｜ 水　1/3 カップ
　　　酒　大さじ 1

B ｜ おろししょうが、ごま油　各小さじ 1

1　豆腐はキッチンペーパーで包み、バットなどで重石をし、
　　15分ほどおいて水きりする。

2　フライパンに **1** を大きめにちぎり入れ、あさり、わかめをもどさずに加える。
　　A をまわしかけてふたをし、中火にかける。2分たったら弱火にし、
　　あさりの口が開くまで2〜3分蒸し煮にする。

3　器に盛り、混ぜ合わせた **B** をのせる。

さば缶とズッキーニのサラダ

マスタードを加えると、
さばがぐっと食べやすく、
お酒が進む味に仕上がりますよ。

材料／2人分
さば水煮缶　1/2 缶(100g)
ズッキーニ　1/2 本(150g)
A｜酢　大さじ1
　｜フレンチマスタード、オリーブ油　各小さじ1
　｜塩　小さじ1/4
　｜こしょう　少々

1　ズッキーニはピーラーでリボン状に削る。さば缶は缶汁をきり、身を粗くほぐす。
2　ボウルにAを合わせ、1を加えてあえる。

28

1人分
194 kcal
塩分 0.7g

サーモンとアボカドのタルタル

糖質3.9g

材料／2人分

サーモン（刺身用）　100g

アボカド　1/2個

きゅうり　1/4本

ディル　1枝

A | オリーブ油、レモン汁　各小さじ1
　| 塩　小さじ1/4
　| こしょう　少々

レモンの酸味が引き締め役。
きゅうりのシャキッとした食感を
プラスすると、食べ飽きません。

1　サーモン、アボカドは7～8mm角に切る。きゅうりは5mm角に切る。

2　ボウルに **1** を入れ、**A** を加えてやさしくあえる。
　　器に盛り、ディルをちぎってのせる。

29

1人分
64 kcal
塩分 0.2g

糖質 5.2g

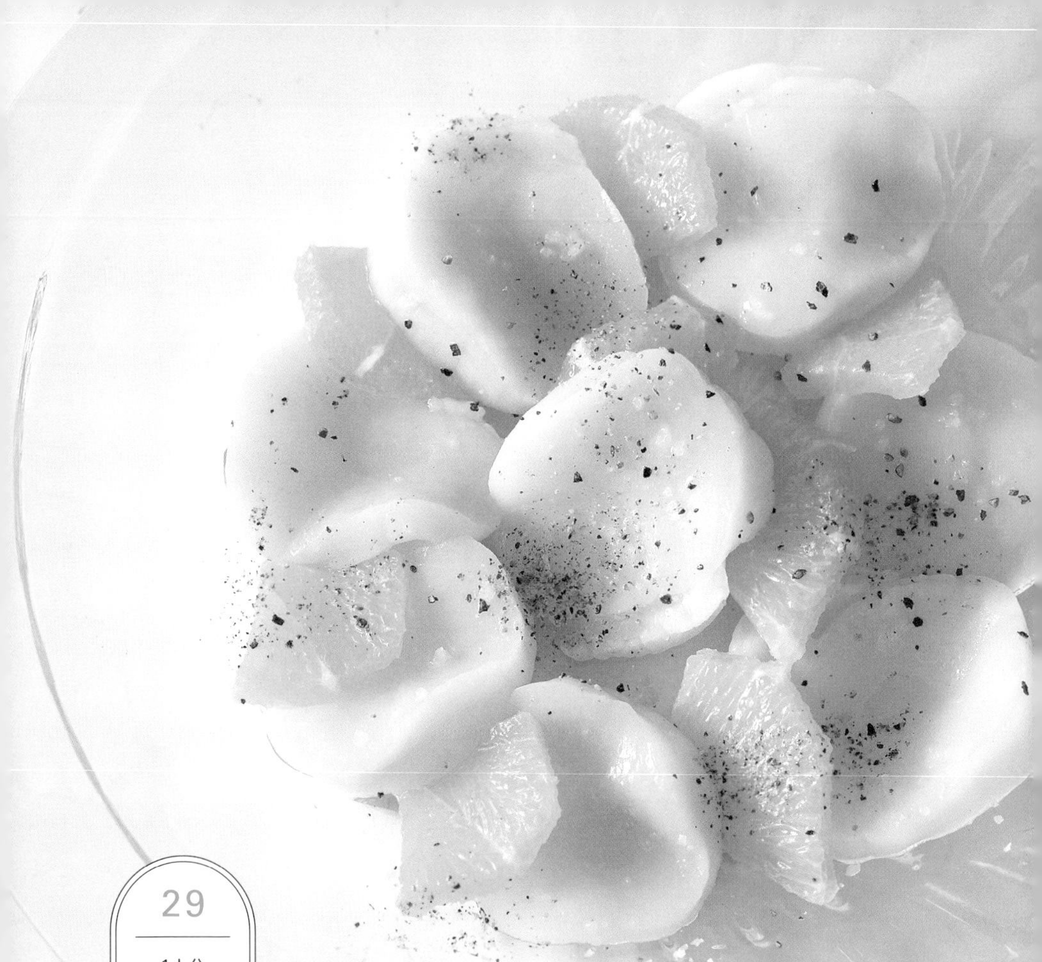

ほたてとオレンジのカルパッチョ

オレンジの酸味と甘みがほたてにマッチ。
キリッと冷えた白ワインに合わせたい一品。

材料／2人分

ほたて貝柱(刺身用)　100g
オレンジ　1/4個
A | オリーブ油　小さじ1
　　| 塩、粗びき黒こしょう　各少々

1 オレンジは皮と薄皮をむき、5～6㎜厚さのひと口大に切る。ほたては塩少々(分量外)を加えた冷水でさっと洗い、キッチンペーパーで水けを押さえて厚みを半分に切る。
2 器に**1**をバランスよく並べ、**A**を順にふる。

30
1人分
89 kcal
塩分 1.3g

糖質 3.9g

ピリ辛漬け卵

絶妙のゆで加減は、
冷たい卵を沸騰した湯に入れて
きっかり8分。ピリ辛味を
じっくりしみ込ませます。

材料／4個分

ゆで卵　4個

A｜水　1カップ
　｜しょうゆ　大さじ3
　｜オリゴ糖(→ p.36 参照)、酢
　｜　各大さじ1
　｜豆板醤　小さじ1/2

香菜　1〜2本

1　ポリ袋に **A** を合わせる。ゆで卵の殻を
　むいて入れ、空気を抜いて口を閉じ、
　冷蔵庫に3時間以上おく。

2　半分に切って器に盛り、
　好みで漬け汁少々をかける。
　香菜を2cm長さに切って添える。

むくまないから
罪悪感ゼロ
減塩つまみ

おつまみはちょっぴり濃い味つけになりがち。
でも余計な塩分は、むくみや高血圧のもとになります。

素材そのものの塩分や、酢やレモンの酸味、
ハーブやスパイスの香りを上手に利用すると、
塩分は減らしつつ、お酒に合うひと皿に。
軽快な歯ごたえや香ばしさも、減塩の味方です。

たこときゅうりのミントヨーグルトあえ

31

1人分
43 kcal
塩分 0.2g

たこの塩けとミントの香りでさっぱりと。
きゅうりは皮をむくと
味がよくなじんでおいしいですよ。

材料／2人分
ゆでだこの足　60g
きゅうり　1本
ミント　適量
プレーンヨーグルト（無糖）
　大さじ2

1　たこは薄切りにする。
　　きゅうりは皮をむいて乱切りにする。
　　ミントは8枚ほど葉をちぎる
　　（残りは飾り用にとりおく）。

2　ボウルに1を入れ、
　　ヨーグルトを加えてあえる。
　　器に盛り、ミントを飾る。

青じそナッツポテサラ

32

1人分
89 kcal
塩分 0g

ナッツのカリカリが楽しい
シンプルなポテトサラダ。
下味の酢と、青じその香りがポイントです。

材料／2人分

じゃがいも　1個（150g）
青じそ　5枚
ミックスナッツ（無塩）　10g
酢、マヨネーズ　各小さじ1

1　じゃがいもは洗って水けがついたまま
　　ラップで包み、電子レンジで2分30秒〜
　　3分加熱する。皮をむいてボウルに入れ、
　　粗くつぶし、酢を加えて混ぜ、粗熱をとる。

2　ミックスナッツは粗く刻む。
　　青じそは2cm四方に切る。

3　1にマヨネーズ、青じそを加えて混ぜ、
　　器に盛り、ナッツを散らす。

鶏むね肉のパセリバター炒め

33

1人分
173 kcal
塩分 0.2g

こっくりバターとにんにくの香りが
お酒を呼びます。パセリを加えたら
すぐ火を止め、香りよく仕上げて。

材料／2人分
鶏むね肉　小1枚(200g)
にんにく　1かけ
パセリ　1枝
バター　10g

1　にんにく、パセリは粗みじん切りにする。
　　鶏肉は2cm角に切る。

2　フライパンにバターを弱めの中火で熱し、
　　鶏肉を入れ、ときどき返しながら
　　3〜4分焼く。

3　にんにくを加えて1分炒め、
　　パセリを加えてからめる。

豚ヒレ肉のバルサミコソテー

34

1人分
113 kcal
塩分 0.1g

バルサミコ酢の甘み、
酸味はワインにぴったり。
豚肉に小麦粉をまぶして焼き、
味をしっかりからませるのも減塩のコツ。

材料／2人分
豚ヒレ肉(ひと口カツ用)　120g
ローズマリー　小1〜2枝
小麦粉、オリーブ油　各大さじ 1/2
バルサミコ酢　大さじ1

1　豚肉は小麦粉を薄くまぶす。

2　フライパンにオリーブ油を弱めの中火で
　熱し、1を並べ入れ、あいているところに
　ローズマリーを入れる。
　2分焼き、上下を返して1分ほど焼く。

3　キッチンペーパーで余分な油を拭き、
　バルサミコ酢を加え、汁けが
　ほとんどなくなるまでからめながら焼く。

47

35

1人分
46 kcal
塩分 0.3g

36

1人分
32 kcal
塩分 0.1g

れんこんの
焦がしじょうゆ焼き

セロリと桜えびの
シャキシャキ炒め

桜えびから出るうまみが
セロリの香味と相まって
味つけいらず。
やみつきの
おいしさです。

じっくり焼いた
れんこんの甘みに、
しょうゆの香ばしさ。
香りだけでも
お酒が進みそう!

材料／2人分
れんこん　80g
オリーブ油　小さじ1
しょうゆ　小さじ1/2
青のり　ひとつまみ

1　れんこんは皮つきのまま
　　1cm厚さの輪切りにする。
2　フライパンにオリーブ油をひき、
　　1を並べ入れて中火にかける。
　　パチパチと音がしてきたら
　　弱めの中火にし、8〜10分焼く。
　　上下を返し、さらに3〜4分、
　　焦げ目がつくまで焼く。
3　あいているところにしょうゆを
　　入れ、煮立ったられんこんに
　　からめる。器に盛り、青のりをふる。

材料／2人分
セロリ　1本(120g)
桜えび　5g
ごま油　小さじ1

1　セロリは5mm幅の小口切りにする。
2　フライパンにごま油を中火で熱し、
　　桜えびをさっと炒める。
　　1を加え、しんなりするまで
　　3〜4分炒める。

37

1人分
62 kcal
塩分 1.1g

レモン風味の蒸しがき

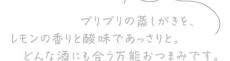

プリプリの蒸しがきを、
レモンの香りと酸味であっさりと。
どんな酒にも合う万能おつまみです。

材料／2人分

かき（加熱用）　大6個（180g）
レモン（国産・輪切り）　2枚
A │ 酒、水　各大さじ1

1　かきはよく洗い、水けをとる。
2　鍋に **1** と **A**、レモンを入れてふたをし、
　　弱めの中火にかける。
　　1分たったらふたをとって上下を返し、
　　ぷっくりとするまで1分ほど焼く。

大根とにんじんの山椒ピクルス

ほどよい酸味で
食べやすい和風ピクルス。
冷蔵庫で3〜4日は日持ちします。

材料／作りやすい分量

大根　約4cm(150g)
にんじん　1/3本(50g)
A｜水　1/2カップ
　｜酢　大さじ2
　｜砂糖　小さじ1
　｜塩、粉山椒　各少々

1　大根、にんじんはそれぞれ4cm長さ、
　　7〜8mm幅の棒状に切って
　　耐熱ボウルに入れる。

2　小鍋にAを入れて煮立て、
　　1のボウルに注いで冷ます。
　　器に盛り、粉山椒少々(分量外)をふる。

51

39

1人分
245 kcal
塩分 0.1g

豚串のスパイス焼き

スパイスも減塩の強い味方。
豚肉とクミンは相性抜群です。
串刺しにするだけで
つまみ感がアップ!

材料／2人分

豚ロース薄切り肉　6枚

酒　小さじ1

A | クミンシード　小さじ1/2
　　 | 七味唐辛子　少々

サラダ油　小さじ1

a

1　豚肉は酒をからめ、細長く半分に折りたたみ、
　　竹串に刺す(**a**)。全体に **A** をからめる。
2　フライパンにサラダ油を弱めの中火で熱し、
　　1 を並べ入れ、ふたをして 2 分焼く。
　　ふたをとって上下を返し、さらに 2 分ほど焼く。

竹串で縫うように刺して、形を整え
る。豚肉を細長く半分に折ると刺
しやすい。

かぼちゃのソテー シナモン風味

切り干し大根の はちみつレモン漬け

かぼちゃの自然な甘みを
生かした塩ゼロつまみ。
シナモンをふって香りよく。

切り干し大根を、
さわやかな
サラダ感覚の一品に。

材料／2人分
かぼちゃ　100g
サラダ油　小さじ1
シナモンパウダー　適量

材料／作りやすい分量
切り干し大根(乾燥)　50g
A｜はちみつ、レモン汁　各大さじ1
レモン(国産・薄いいちょう切り)　少々

1　かぼちゃは皮つきのまま5〜6mm
　　厚さの食べやすい大きさに切る。
2　フライパンにサラダ油を
　　弱めの中火で熱し、1を並べ入れ、
　　ふたをして2分焼く。
3　ふたをとって上下を返し、
　　弱火にしてさらに2分ほど焼く。
　　器に盛り、シナモンをふる。

1　切り干し大根は
　　たっぷりの水でもみ洗いし、
　　水に15分ほどつけてもどす。
2　水けをしぼってボウルに入れ、
　　Aを加えてもみ込む。
　　器に盛り、レモンをのせる。

たらの治部煮風

a

片栗粉をまぶして煮ると
だし汁のうまみがよくからみます。
軽いとろみがついた
煮汁ごとどうぞ。

たらに片栗粉を薄くまぶして煮る
ことで、だしに自然なとろみがつき、
舌に味が残りやすくなる。

材料／2人分

生だら　2切れ(160g)　　　片栗粉　小さじ1
水菜　大1株(30g)　　　　だし汁　1カップ
にんじん　10g

1　水菜は3〜4cm長さに切る。にんじんは3〜4cm長さのせん切りにする。
　　たらは小骨を除いてひと口大に切り、片栗粉をまぶす。

2　鍋にだし汁を入れて中火で煮立て、たらを入れて3分煮る(**a**)。
　　にんじんを加えて1分、水菜を加えて混ぜながらしんなりするまで煮る。

4

—

ちょっとで満足だから
罪悪感ゼロ
豆皿つまみ

とっておきの豆皿に盛られた小さなおつまみも、
コクのある味つけや、カリカリ食感で満足感をアップ!

冷蔵庫に余った少しの食材で
ちゃちゃっとできる気軽さも魅力です。

おなかはいっぱいだけど、やっぱりちょこっとつまみたい、
そんなときにおすすめのレシピです。

43	44
1人分 76 kcal 塩分 0.2g	1人分 79 kcal 塩分 0g

うずら卵のウフマヨ

デーツのくるみチーズ詰め

うずら卵は自分でゆでると
やわらかでおいしい!
サイズもかわいい♡

デーツのコクのある甘みを
クリームチーズと合わせて。
少量でも満足感アリ。

材料／2人分
うずら卵(生)　6個
A｜マヨネーズ　小さじ2
　｜トマトケチャップ　小さじ1/2
粗びき黒こしょう　少々

1　鍋に湯を沸かし、
　　うずら卵を入れて2分30秒ゆで、
　　冷水にとって冷まし、殻をむく。
2　器に1を盛り、混ぜ合わせた
　　Aをかけ、黒こしょうをふる。

材料／2人分
デーツ　2個
クリームチーズ　10g
くるみ　1かけ

1　くるみは4等分に切る。
2　デーツは縦に切り込みを入れて
　　種を除き、クリームチーズと1を
　　等分に詰める。

チーズと桜えびのカリカリ

香ばしいチーズのおせんべい風。
トッピングは、好みで黒こしょうや
七味唐辛子などでもOKです。

材料／2人分
スライスチーズ（溶けるタイプ）　1枚
桜えび　ひとつまみ
細ねぎ（小口切り）　1～2本

1　チーズは4等分に切り、
　　フライパンに間隔をあけて並べる。
2　1に細ねぎ、桜えびをのせて中火にかける（**a**）。
　　1～2分焼き、脂が出て、軽く色づいてきたら
　　フライ返しなどでキッチンペーパーに
　　とり出し、脂をきる。

a

チーズが溶けたときにくっついてし
まわないように、少し間隔をあけて
並べて焼く。

46

いぶりがっこのすだちチーズサンド

材料／2人分
いぶりがっこ(薄切り)　8枚
クリームチーズ　1個(16g)
すだち(薄切り)　1枚

1　すだちは4等分に切る。
2　いぶりがっこは2枚1組にし、
　　クリームチーズと **1** を
　　等分にはさむ。

一度食べればくせになる、
　がっことチーズの組み合わせ。
すだちの上品な香りも
　はさんじゃう!

47

1人分
45 kcal
塩分 0.5g

48

1人分
13 kcal
塩分 0.4g

高菜カマンベールボール

発酵食品同士はやっぱり好相性。
日本酒に寄り添うつまみです。

材料／2人分
カマンベールチーズ　2切れ(30g)
高菜漬け　8g

1　カマンベールチーズは細かく
　　ちぎる。高菜漬けは細かく刻む。
2　合わせてボウルに入れ、
　　さっと混ぜる。2等分して
　　ラップにのせ、茶きんにしぼる。

みょうがのごまみそ焼き

みょうがの個性的な香りに、
こっくりごまみそがよく合います。

材料／2人分
みょうが　2個
A｜黒すりごま、みそ　各小さじ1
　｜水　小さじ1/2

1　みょうがは縦半分に切る。
　　Aを混ぜ合わせ、みょうがの
　　切り口に等分に塗る。
2　オーブントースターの天板に
　　アルミホイルを敷いて1を並べ、
　　3分ほど焼く。

59

49

1人分
46 kcal
塩分 1.0g

甘えびのコチュジャン漬け

辛さの中にも濃厚なうまみのある
コチュジャンは、つまみ作りに欠かせない調味料。
ねっとりとした甘えびによく合う〜!

材料／2人分
甘えび(刺身用) 8尾
青じそ 2枚
A | コチュジャン、しょうゆ、水
　　各小さじ1

1 ボウルに A を合わせ、
　甘えびを加えてからめる。
　ラップをかけて冷蔵庫に15分ほどおく。

2 青じそとともに器に盛る。

50 まぐろのねぎ塩昆布あえ

1人分
73 kcal
塩分 0.2g

ハワイ発の人気メニュー
「ポキ」を和風にアレンジ。
塩昆布は、長ければ切って加えると
なじみやすくなります。

材料／2人分
まぐろ(刺身用・ぶつ切り)　80g
細ねぎ(小口切り)　大さじ1
塩昆布　ひとつまみ
ごま油　小さじ1/2

1　ボウルにすべての材料を入れて
　　さっとあえる。

<table>
<tr><td>51</td><td>52</td></tr>
<tr><td>1人分
46 kcal
塩分 0.1g</td><td>1人分
52 kcal
塩分 0.6g</td></tr>
</table>

プルーンの生ハム巻き

生ハムのほどよい塩けを
まとわせることで、
プルーンが立派なつまみに。

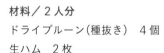

材料／2人分
ドライプルーン(種抜き) 4個
生ハム 2枚

1　生ハムは半分に切る。
2　プルーンに **1** を1切れずつ巻く。

ベビーほたてとキウイの
粒マスタード白みそあえ

粒マスタードと白みそ、
意外な組み合わせですが
相性がいいんです。

材料／2人分
ベビーほたて(生食用) 8個(80g)
キウイフルーツ 1/2個
A | 粒マスタード、白みそ 各小さじ1

1　キウイは薄い半月切りにする。
2　ボウルに **A** を合わせ、
　　1、ほたてを加えてあえる。

餃子の皮のミニピザ

材料／2人分
餃子の皮　2枚
ピーマン　1/4個（5g）
ピザ用チーズ　10g

1　ピーマンは粗みじん切りにする。
2　餃子の皮にチーズとピーマンを等分に散らす。
　　オーブントースターで3〜4分、
　　ふちが色づくまで焼く。

ほろ苦ピーマンと
　チーズの組み合わせが絶妙。
クリスピーに焼けた皮のふちも
　　そそりますよ。

54 ミニトマトのキムチマヨ詰め

1人分
19 kcal
塩分 0.2g

見た目の愛らしさとは裏腹に
キリッと辛みの効いた
ひと口つまみです。

材料／2人分

ミニトマト　大2個
白菜キムチ　10g
マヨネーズ　小さじ1

1　ミニトマトは上から5㎜のところを
　　切り落とし、ナイフでふち側に
　　切り目を入れてから中身をくりぬく（**a**）。
2　キムチは細かく刻み、マヨネーズを加えて
　　混ぜる。**1** に詰める。

ミニトマトはふち側にナイフを
差し込んで切り目を入れ、スプ
ーンの柄などを利用して、種を
かき出す。

ジョンはころもをつけて焼く韓国風のおつまみ。
韓国焼酎やマッコリに合わせたいな。

55 そら豆のひと粒ジョン

1人分
58 kcal
塩分 0.1g

材料／2人分

そら豆(生)　6個
A｜小麦粉、水　各大さじ1
　｜塩　少々
サラダ油　小さじ1

1　そら豆は薄皮をむく。**A** は混ぜ合わせる。
2　フライパンにサラダ油を弱めの中火で
　　熱し、そら豆に **A** をからめて入れ、
　　ときどき上下を返しながら2～3分焼く。

56 にらじゃこやっこ

1人分
71 kcal
塩分 0.5g

ごま油で炒めた
あつあつのじゃこをのせると、
にらの香りがきわ立ちます。

材料／2人分
絹ごし豆腐　1/2 丁(150g)
にら　1 株(10g)
ちりめんじゃこ　10g
ごま油　小さじ 1
しょうゆ　小さじ 1/2

1　にらは小口切りにする。
　　豆腐は半分に切って器に盛り、
　　にらを等分にのせる。
2　フライパンにごま油とじゃこを入れて
　　弱めの中火で熱し、じゃこがこんがり
　　色づくまで 2 〜 3 分炒める。
　　しょうゆを加え、熱いうちに **1** にかける。

57 かぶとかまぼこの
のりあえ

1人分
30 kcal
塩分 0.5g

材料／2人分
かぶ　小 1/2 個(30g)
かまぼこ　30g
のりの佃煮　小さじ 1
オリーブ油　小さじ 1/2

1　かぶは 5 〜 6 ㎜厚さの半月切りにする。
　　かまぼこも 5 〜 6 ㎜厚さに切る。
2　ボウルに **1** を入れ、のりの佃煮、
　　オリーブ油を加えてあえる。

シャキシャキとプリプリの食感が楽しい。
オリーブ油でコクがアップします。

58

かきの山椒焼き

1人分
56 kcal
塩分 1.5g

シンプルに焼いて、粉山椒をパラリ。
肝臓の働きをアップするかきは、
罪悪感ゼロつまみに欠かせません!

材料／2人分
かき(加熱用)　大6個(180g)
A | しょうゆ、酒　各小さじ1
　　| 粉山椒　少々

1　かきはよく洗い、水けをとる。
2　フライパンに**1**を並べて中火にかけ、
　　2分ほど加熱する。身が縮んできたら
　　上下を返し、さらに1分焼く。
3　**A**を加え、汁けがなくなるまで
　　からめながら焼く。器に盛り、
　　粉山椒少々(分量外)をふる。

59 いかくんの松前漬け

1人分
26 kcal
塩分 0.9g

手軽ないかくんが、
絶品つまみに変身します。
酢を加えてさっぱりと。

材料／2人分
いかの燻製（市販）　20g
にんじん　20g
刻み昆布　ひとつまみ
A｜酢　大さじ 1/2
　｜しょうゆ　少々

1　いかくんはざっくりとさく。にんじんは
　　3〜4cm長さの細切りにする。

2　ボウルに 1、昆布、A を入れ、ときどき
　　混ぜながら、昆布がやわらかくなるまで
　　30 分以上おく。

<table>
<tr><td>

60

1人分
58 kcal
塩分 0.1g

</td><td>

酒粕のコチュジャン焼き

</td></tr>
</table>

ほんのり日本酒が香る
板粕で作るヘルシーつまみ。
辛さと香ばしさが広がる
お気に入りの味です。

材料／2人分
酒粕（板粕）　6cm角1枚
コチュジャン　小さじ1/2

1　酒粕は4等分に切り、コチュジャンを薄く塗る。
2　アルミホイルを広げて **1** を並べ、
　　魚焼きグリルかオーブントースターで、
　　軽く焼き目がつくまで1分ほど焼く。

ゆっくり楽しめて
罪悪感ゼロ
早食い防止つまみ

早食いは、胃腸に負担がかかるし、満腹感が得にくく
食べすぎにもつながるダイエットの強敵!
お酒だって、ゆっくりつまみながらのんびり飲む、
これが正解です。

歯ごたえのよいものや、よくかんで食べたいもの、
少しずつちびちびつまめるおつまみで、
ゆる晩酌を楽しみましょう。

61

まるごとピーマンのだしびたし

1人分
33 kcal
塩分 1.1g

まるごと焼いて、種まで食べて！
だしじょうゆのしみたピーマンは、
冷たくしてもうま〜い。

材料／2人分
ピーマン　4個
サラダ油　小さじ1
A だし汁　1/2カップ
　　しょうゆ　小さじ1
　　塩　小さじ1/4

1　ピーマンは包丁で1か所
　　短い切り目を入れ、サラダ油をからめる。
　　焼き網か魚焼きグリルに並べ、
　　強めの中火で2〜3分、焼き色がつき、
　　やわらかくなるまで向きを変えながら焼く。

2　ボウルにAを混ぜ合わせ、熱いうちに
　　1を入れ、15分以上おく。

62 きゅうりの1本漬け

1人分
21 kcal
塩分 1.2g

夏祭りの屋台みたいな楽しい一品。
しっかり冷やして、
豪快にガブリ!

材料／2人分

きゅうり　2本

A｜水　1/4カップ
　｜酢　大さじ1
　｜昆布茶(粉末)、練りがらし
　｜　各小さじ1
　｜塩　小さじ1/2

1　きゅうりは両端を切り落とし、
　　ピーラーで皮を縞目にむく。

2　ポリ袋にAを混ぜ合わせ、1を入れる。
　　空気を抜いて口を閉じ、
　　冷蔵庫に2〜3時間おく。

73

香ばしい黒ごまが
　ごぼうを引き立てます。
酢のおかげで後味さっぱり。

梅とオリーブ油は好相性。
大ぶりに切った
みずみずしい大根で
堪能して。

63

1人分
37 kcal
塩分 0.3g

64

1人分
34 kcal
塩分 0.8g

たたきごぼうのごま酢あえ

材料／2人分
ごぼう　1/2 本(80g)
A | 黒すりごま、砂糖　各小さじ1
　　　 酢　大さじ1/2
　　　 しょうゆ　小さじ1/2
　　　 塩　少々

1　ごぼうはめん棒などでひびが入るまで
　　たたき、5 〜 6 ㎝長さに切る。
2　ボウルに **A** を合わせる。
3　鍋に湯を沸かし、酢適量(湯3カップに
　　約大さじ1の割合)を加え、
　　1 を 4 〜 5 分ゆでる。
　　水けをきり、**2** に加えてからめる。

大根の梅おかかあえ

材料／2人分
大根　4 〜 5 ㎝(150g)
梅干し(塩分 15 〜 17%)　1 個
削り節　小1袋(2g)
オリーブ油　小さじ1

1　大根は皮つきのまま、
　　大きめの乱切りにする。
2　梅干しは種を除いてたたき、
　　ボウルに入れ、削り節、
　　オリーブ油を加えて混ぜる。
　　1 を加えてあえる。

65

1人分
47 kcal
塩分 0.7g

こんにゃくとセロリの甘辛炒め

セロリを加えた
変わりかみなりこんにゃく。
香りの素材が加わると、
酒に寄り添うひと皿に。

材料／2人分
セロリ（葉つき）　1/2 本
こんにゃく　1/2 枚（120g）
ごま油　小さじ1
A｜酒　大さじ1
　｜しょうゆ、オリゴ糖（→ p.36 参照）　各大さじ 1/2
七味唐辛子　少々

1　こんにゃくはひと口大にちぎり、さっと下ゆでする。
　　セロリは乱切りにし、葉3〜4枚はちぎる。
2　フライパンにごま油を中火で熱し、
　　こんにゃくを表面がチリチリしてくるまで3〜4分炒める。
3　セロリを加えて1分炒め、セロリの葉、A を加え、汁けがなくなるまで炒める。
　　器に盛り、七味唐辛子をふる。

66

1人分
40 kcal
塩分 0.7g

たこ串のしょうがじょうゆ

こんがりと香ばしく、
うまみたっぷりでビールが進む!
シンプルに、しょうがじょうゆで
いただきます。

材料／2人分
ゆでだこの足　2本(80g)
A｜おろししょうが、しょうゆ
　｜各小さじ1

1　たこ足は1本ずつ竹串を刺す。
2　焼き網か魚焼きグリルで2〜3分、
　　強火で焼き目がつくまで焼く。
　　器に盛り、混ぜ合わせたAをのせる。

67

殻つきえびのガーリックソテー

1人分
54 kcal
塩分 0.3g

えびは殻つきで炒めると
風味豊かに仕上がりますよ。
殻をむきながら、のんびりつまんで。

材料／2人分
えび（殻つき）　6〜8尾（100g）
にんにく　1かけ
オリーブ油　小さじ1
白ワイン　大さじ1/2
A 　塩　ひとつまみ
　　　チリペッパー　少々

1　にんにくは粗みじん切りにする。
　　えびは背わたをとる。
2　フライパンにオリーブ油を中火で熱し、
　　にんにくをさっと炒める。
　　えびを加えて強めの中火にし、
　　1分ほど炒めて白ワインをまわし入れ、
　　汁けがなくなったら**A**をふる。器に盛り、
　　チリペッパー少々（分量外）をふる。

68

1人分
74 kcal
塩分 1.2g

鶏軟骨としめじのゆずみそ炒め

コリコリ食感がたまらない鶏軟骨。
居酒屋風メニューも、
ゆずの香りで上品に。

材料／2人分

鶏軟骨　120g

しめじ　1/3 パック(30g)

玉ねぎ　1/8 個

サラダ油　小さじ 1

A ｜ ゆずの皮(せん切り)　少々

　　 みそ、酒　各大さじ 1/2

　　 オリゴ糖(→ p.36 参照)　小さじ 1

1. しめじは小房に分ける。
   玉ねぎは縦に 2 〜 3 mm幅に切る。
   A は混ぜ合わせる。

2. フライパンにサラダ油を中火で熱し、
   鶏軟骨を 3 分ほど炒める。
   しめじと玉ねぎを加えて 1 分炒め、
   A を加えてさらに 1 分ほど炒め合わせる。

69 砂肝とまいたけのコチュジャン炒め

1人分
100 kcal
塩分 0.8g

歯ごたえのよい砂肝は、
ゆる飲みに最適。
酒を呼ぶ韓国風ピリ辛味をからめます。

材料／2人分

砂肝　150g

まいたけ　1/2 パック(50g)

ごま油　小さじ1

A 　酒　大さじ1

　　コチュジャン、しょうゆ

　　　各小さじ1

1　砂肝は白いところをそぎ落とす。
　　まいたけはほぐす。**A** は混ぜ合わせる。

2　フライパンにごま油を中火で熱し、
　　砂肝を3〜4分炒める。
　　まいたけを加えてさらに1分ほど炒める。

3　**A** を加え、汁けがなくなるまで
　　1分ほど炒め合わせる。

70

1人分
143 kcal
塩分 0.9g

エリンギの豚肉巻き

加熱してもかさの減らないエリンギは、
食べごたえ抜群。
ゆっくり楽しめるよう、
あえて大ぶりに切ってみました。

材料／2人分
エリンギ　2本(100g)
豚ロースしゃぶしゃぶ用肉
　　8枚(80g)
塩　小さじ 1/3
こしょう　少々
酒　大さじ2
サラダ油　小さじ1
レモン(くし形切り)　2切れ

1　エリンギは縦半分に切って豚肉2枚を
　　巻きつけ、塩、こしょうをふる。
2　フライパンにサラダ油を弱めの中火で
　　熱し、**1**の巻き終わりを下にして並べる。
　　ふたをして2分、ふたをとって
　　上下を返し、さらに2分焼く。
3　酒をふり、汁けがなくなるまで
　　からめながら焼く。
　　器に盛り、レモンを添える。

71

1人分
65 kcal
塩分 1.5g

あさりとオリーブの白ワイン蒸し

あさりは殻をはずしながら、
オリーブは種を出しながら
ちまちまとつまみましょう。
仕上げのバターで香りよく。

材料／2人分
あさり(殻つき・
　砂抜きずみのもの)　200g
グリーンオリーブ(種あり)　8個
玉ねぎ　1/4個
白ワイン　1/4カップ
A｜バター　10g
　｜こしょう　少々

1　玉ねぎは縦に2〜3mm幅に切る。
2　フライパンにあさりと 1、
　　オリーブを入れて白ワインをふり、
　　ふたをして強めの中火にかける。
　　1分たったら弱めの中火にし、
　　2分ほど蒸し煮にする。
3　ふたをとって A を加え、
　　あさりの口が開くまで混ぜながら煮る。

さきいかとナッツのコチュジャンあえ

材料／2人分

さきいか（市販）　20g

ミックスナッツ（無塩）　20g

A | オリゴ糖（→ p.36 参照）、
　 | コチュジャン　各小さじ 1

1　ボウルに A を合わせ、さきいかとナッツを加えてあえる。

混ぜるだけなのに
複雑な味わい。
さきいかは、長ければ
手でちぎってからあえて。

73

1人分
46 kcal
塩分 1.3g

激辛枝豆

肝臓の負担を軽くしてくれる枝豆は、
最強のつまみ。しっかり辛いから、
ちびちび食べてもビールが進みます。

材料／2人分
枝豆（さやつき）　120g
塩　小さじ1
A ｜ だし汁　1/2カップ
｜ しょうゆ、豆板醤　各大さじ1/2

1 枝豆は洗ってなり口（さやの先端）を
少し切り、塩をふってもみ、鍋に入れる。
ひたひたの水を注いでふたをし、
強めの中火にかける。煮立ったら
ときどき混ぜながら3〜4分、好みの
かたさになるまでゆでて水けをきる。

2 ボウルに **A** を合わせ、
1 を加えて混ぜ、味をなじませる。

大豆と根菜の酢じょうゆ漬け

74

1人分
130 kcal
塩分 0.3g

のんびりと飲みたいときは、
箸でひと口ずつつまめる、
こんな酒肴をよく作ります。

材料／2人分
いり大豆(市販)　50g
にんじん　40g
ごぼう　20g
A　酢、しょうゆ、オリゴ糖
　　(→p.36 参照)　各大さじ 1/2

1　にんじん、ごぼうは 5 mm角に切る。
　　鍋にごぼうを入れ、かぶるくらいの水を
　　注いで中火にかける。
　　煮立ったら 2 分ほどゆで、ざるにあげる。

2　フライパンに大豆を入れて弱火にかけ、
　　軽く焼き色がつくまでからいりする。
　　1とともにボウルに入れ、熱いうちに
　　A を加えて混ぜ、味をなじませる。

PART

6

遅い時間でも
罪悪感ゼロ
夜食つまみ

残業帰りで、もうこんな時間……。
ヘトヘトだけど、なにかおなかに入れつつ、プシュッといきたい。
そんな気分に寄り添う、夜食とつまみをドッキングさせた
ひと皿つまみです。

今日の疲れを癒しながら、
明日の自分にひびかない、
やさしいレシピをどうぞ。

切り干し大根を麺に見立てた
ヘルシーな夜つまみ。低脂質なささみで
たんぱく質をプラスして、バランスよく。

75

1人分
132 kcal
塩分 1.9g

切り干し大根のラーメン風

材料／1人分

切り干し大根(乾燥)　20g

鶏ささみ　1本(50g)

パプリカ　1/8個(15g)

A｜酒　大さじ1/2
　｜塩　少々

B｜水　1と1/2カップ
　｜酒　大さじ1
　｜鶏ガラスープの素(顆粒)
　｜　大さじ1/2
　｜ごま油、しょうゆ　各小さじ1/2
　｜塩、こしょう　各少々

1 切り干し大根はたっぷりの水で
もみ洗いしてから、
水に15分ほどつけてもどす。

2 ささみは耐熱皿にのせて **A** をふり、
ふんわりとラップをかけて
1分〜1分30秒加熱し、そのまま
5分ほどおいてから食べやすくさく。
パプリカは横に2〜3mm幅に切る。

3 鍋に **B** を煮立て、水けをしぼった
1 を加えて中火で2〜3分煮る。
パプリカを加え、ひと煮立ちしたら
火を止めて器に盛り、ささみをのせる。

1人分
66 kcal
塩分 0.8g

しらたきとせりのペペロンチーニ

材料／1人分
しらたき　1袋(200g)
せり　20g
にんにく　1かけ
赤唐辛子(小口切り)　ひとつまみ
オリーブ油　小さじ1
A　酒　大さじ1
　　スープの素(顆粒)
　　　小さじ1/3
　　塩　ひとつまみ
　　こしょう　少々

1　しらたきはざく切りにして
　　さっと下ゆでし、ざるにあげる。
2　にんにくは薄切りにする。
　　せりは2cm長さに切る。
3　フライパンにオリーブ油とにんにくを
　　入れて中火で熱し、香りが立ったら
　　1を加えて2分ほど炒める。
　　赤唐辛子、Aを加えて2分ほど炒め、
　　せりを加えてひと混ぜする。

ローカロリーなしらたきで、まさに罪悪感ゼロ!
せりの代わりに三つ葉でもおいしく作れます。

豆腐干のあえ麺

> 豆腐干は人気の低糖質＆
> 高たんぱく質食材。
> 原料は豆腐だから、
> 食べやすいんです。

材料／1人分
豆腐干　1パック(100g)
長ねぎ　10g
香菜　1株(10g)
A ┃ 酢、しょうゆ　各小さじ1
　　┃ ラー油　適量

1　長ねぎは斜め薄切り、
　　香菜は1cm長さに切る。
2　豆腐干は冷凍品なら解凍し、
　　袋の表示通りにゆでる。
　　水けをきって器に盛り、**1**をのせ、
　　混ぜ合わせた **A** をかける。
　　混ぜながら食べる。

罪悪感ゼロ食材 [豆腐干（とうふかん）]

豆腐を圧縮、脱水し、軽く乾燥させたもの。原料は
豆腐で、低糖質、高たんぱく、グルテンフリーのヘ
ルシー食材として注目されている。干豆腐と呼ば
れることも。使いやすい麺状のものがおすすめ。

カロリーオーバーの心配がない、
ところてんが麺代わり。
手軽なトッピングで、
栄養バランスのいいひと皿に。

ところてんの冷やし中華

材料／1人分
ところてん　1パック（120g）
サラダチキン（市販）　50g
きゅうり　1/3本
ミニトマト　3個
A｜酢、しょうゆ　各小さじ1
　｜ごま油　小さじ1/2
　｜砂糖　ひとつまみ
　｜塩　少々
練りがらし　少々

1　きゅうりは細切りにし、
　　サラダチキンは食べやすくさく。
　　ミニトマトは半分に切る。
2　器にところてんを盛り、1をのせ、
　　混ぜ合わせたAをかける。
　　練りがらしを添える。

罪悪感ゼロ食材［ところてん］

天草という海藻を煮出してこし、かためて細い麺状に
したもの。酢じょうゆや黒みつをかけて食べることが多
いが、100gあたり2〜3kcalと低カロリーで食物繊維
が多いため、ダイエット食品としても用いられる。

79

1人分
148 kcal
塩分 1.6g

ほうれん草とピーラーにんじんの常夜鍋

鍋仕立てのひと皿は、
体が温まってほっとする〜。
のんびり飲みながら、
一日の疲れを癒しましょう。

材料／1人分

豚もも薄切り肉　60g

ほうれん草　1/3束(80g)

にんじん　1/2本

A │ 水　2カップ
　　│ 酒　大さじ2

B │ ポン酢しょうゆ、ゆずこしょう　各適量

1　ほうれん草はざく切りにする。
　　にんじんはピーラーでリボン状に削る(**a**)。
2　鍋に **A** を煮立て、**1**、豚肉を入れる。
　　肉の色が変わったら、**B** をつけて食べる。

a

にんじんはピーラーで薄く削る
ことでボリューム感が出て、火
の通りも早くなる。

80 たらと大根のレモンナンプラー鍋

1人分
103 kcal
塩分 2.3g

消化のいいたらと大根は、
遅めの晩酌にぴったり。
ナンプラーとレモンで、
簡単エスニック鍋に仕上げます。

材料／1人分
生だら　1切れ(80g)
大根　4〜5cm(150g)
レモン(国産・薄切り)　2枚
A｜水　1と1/2カップ
　｜酒　大さじ2
　｜ナンプラー　大さじ1

1　たらはひと口大に切る。
　　大根は薄い半月切りにする。
2　鍋に A を煮立てて大根を加え、
　　再び煮立ったら弱火にし、
　　3分ほど煮る。
3　たらを加え、さらに3〜4分煮て、
　　レモンを加える。

＊レモンを長く煮込むと苦みが出るので、
煮ながら食べるときは途中でとり出して。

トウジャン

台湾風の豆乳スープ。
朝ごはんのイメージですが、
やさしい味わいで夜遅つまみにも@。

材料／1人分

豆乳（成分無調整）　1と1/2カップ

ザーサイ（味つき）　10g

桜えび　大さじ1（2g）

細ねぎ　1本

A｜黒酢　大さじ1/2
　｜しょうゆ　小さじ1/2
　｜塩　少々

1　細ねぎは小口切りにする。ザーサイは
　　粗く刻む。器に桜えび、**A**とともに入れる。

2　小鍋で豆乳を沸騰直前まで熱し、
　　1に一気に注ぐ（**a**）。そのまま
　　5分ほどおき、混ぜながら食べる。

a

沸騰直前まで熱した豆乳と黒酢
が合わさると、かたまってもろも
ろっとした食感になる。

スワンラータン

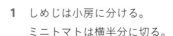

すっぱ辛さが人気の中国風スープ。
ボリュームがほしいときは、
豆腐を少し加えても。

材料／1人分
豚こま切れ肉　80g
しめじ　1/3パック（30g）
ミニトマト　4個
卵　1個
A｜水　1カップ
　｜酒　大さじ1
　｜鶏ガラスープの素（顆粒）、
　｜　しょうゆ　各小さじ1
B｜黒酢　大さじ1/2
　｜ラー油　適量
　｜粗びき黒こしょう　少々

1　しめじは小房に分ける。
　　ミニトマトは横半分に切る。
2　鍋にAを煮立て、豚肉を加えて1分煮る。
　　しめじを加え、再び煮立ったら
　　溶きほぐした卵を加え、
　　ふわりとかたまったらトマトを加えて
　　ひと煮する。器に盛り、Bをかける。

82
1人分
308 kcal
塩分 1.9g

重信初江　しげのぶ・はつえ

毎日の晩酌は欠かさないのが自慢の料理研究家。作り手にも食べ手にもやさしいほっとする家庭料理から、食べ歩きで気になった人気店の味、旅して見つけた世界の料理まで、幅広くこなす実力派。『はじめてなのに現地味 おうち韓食』(主婦の友社)、『漬けものレシピ』(朝日新聞出版)、『ほっこり小鍋』(池田書店)など著書多数。

Instagram　@shige82a

アートディレクション・デザイン／米持洋介（case）
撮影／福尾美雪
スタイリング・イラスト／久保百合子
取材／久保木 薫
栄養価計算／大越郷子
調理アシスタント／尾花友理、林 香織、吉光小百合
校閲／滄流社
編集／山村奈央子

撮影協力／ UTUWA

罪悪感ゼロつまみ

著　者　重信初江
編集人　足立昭子
発行人　倉次辰男
発行所　株式会社主婦と生活社
　　　　〒104-8357　東京都中央区京橋 3-5-7
　　　　tel:03-3563-5321（編集部）
　　　　tel:03-3563-5121（販売部）
　　　　tel:03-3563-5125（生産部）
　　　　https://www.shufu.co.jp
　　　　ryourinohon@mb.shufu.co.jp
製版所　東京カラーフォト・プロセス株式会社
印刷所　TOPPAN 株式会社
製本所　共同製本株式会社
ISBN978-4-391-16055-0